# Sophia and Alex
## *Learn about Health*

# Sofia y Alejandro
## *aprenden acerca de la salud*

By Denise Bourgeois-Vance
Illustrated by Damon Danielson

Children
Bilingual
Books

Book 3 of 10 from the "Sophia and Alex" Series

"To all the wonderful agencies around the world striving each day to help our children stay protected and healthy"

Published 2020 by Advance Books LLC Renton, WA
Printed in the United States of America

Library of Congress Control Number:2020904563
ISBN: 978-1-951827-50-2

Sophia and Alex Go to Preschool
Summary: Details of Sophia and Alex's first day of preschool

Address all inquiries to:
Advance Book LLC
info@childrenbilingualbooks.com
For book orders visit: childrenbilingualbooks.com

English copy editing by Jen Lyons
Spanish translation by Rosibel Bernal

Cover and interior design by Marcia Danielson

This morning, Sophia and Alex woke up feeling ill. Their tummies ache and Alex says his head hurts.

Esta mañana, Sofía y Alex se levantaron sintiéndose enfermos. Les duele la barriga y Alex dice que le duele la cabeza.

"The thermometer reads 100.4 degrees," says Mom. "You two are staying home from school today."

—El termómetro marca 100,4 grados—, dice mamá. —Ustedes dos se quedarán en casa y no irán a la escuela hoy—.

Mom knows that the best way for Sophia and Alex to feel better is to rest and drink lots of water and juice.

Mamá sabe que la mejor manera de que Sofía y Alex se sientan mejor es descansando y bebiendo mucha agua y jugo.

Today, Mom and Dad must go to work, so Aunt Ida will watch Sophia and Alex. When children are sick, it's always important they stay with an adult.

Hoy, mamá y papá deben ir a trabajar, así que la tía Ida cuidará de Sofía y Alex. Cuando los niños están enfermos, siempre es importante que se queden con un adulto.

"If you go to school sick, you can make other children sick too," says Aunt Ida. "We don't want that, do we?" Sophia and Alex shake their heads in agreement.

—Si vas a la escuela enfermo, puedes hacer que otros niños se enfermen también—, dice la tía Ida. —No queremos eso, ¿verdad?— Sofía y Alex mueven sus cabezas en señal de acuerdo.

"Germs spread when we put unclean fingers in our mouths or we rub our eyes," says Miss Anna. "Always, always wash your hands before eating."

—Los gérmenes se propagan cuando nos ponemos los dedos sucios en la boca o nos frotamos los ojos—, dice la señorita Anna. —Siempre, siempre lávense las manos antes de comer.—

"When you cough," she continues, "it's important to cover your mouth."
Takota covers his mouth by coughing into his elbow.

—Cuando tosan—, ella continúa, —es importante que se cubran la boca—.
Takota se cubre la boca tosiendo en su codo.

To keep children safe from getting sick, many parents have their children vaccinated. This is a shot that protects them from getting diseases.

Para evitar que los niños se enfermen, muchos padres hacen vacunar a sus hijos. Esta es una vacuna que los protege contra las enfermedades.

"I got my shot today," Willie tells Emma, "and it didn't even hurt."

—Hoy tuve mi inyección—, le dice Willie a Emma, —y ni siquiera me dolió—.

Every year, children should have their eyes checked to make sure they can see everything they need to see.

Todos los años, los niños deben someterse a un examen de la vista para asegurarse de que pueden ver todo lo que necesitan ver.

"I like your cool new glasses," says Juan to Sam. "They make you look like a superhero."

—Me gustan tus nuevos y bonitos lentes—, le dice Juan a Sam. —Te hacen parecer como un superhéroe—.

Jade sometimes didn't hear her teacher in class. She was tested to see how well she could hear.

Jade a veces no escuchaba a su maestra en la clase. Se le hizo una prueba para ver que tan bien podía oír.

Today, Jade hears everything Miss Anna says during circle time. Now, she raises her hand when her teacher asks a question.

Hoy, Jade escucha todo lo que la Srta. Anna dice durante la hora de actividades en grupo. Ahora, ella levanta la mano cuando su maestra hace una pregunta.

"You are 38 inches tall," says a kind-looking woman with a tape measure. Adam has grown one inch since he was measured last year.

—Mides 38 pulgadas de altura—, dice una mujer de aspecto amable con una cinta para medir. Adán ha crecido una pulgada desde que le midieron el año pasado.

Nick weighs 35 pounds. Eating right helps him run fast with his friends on the playground.

Nick pesa 35 libras. Comer adecuadamente le ayuda a correr rápido con sus amigos en el patio de recreo.

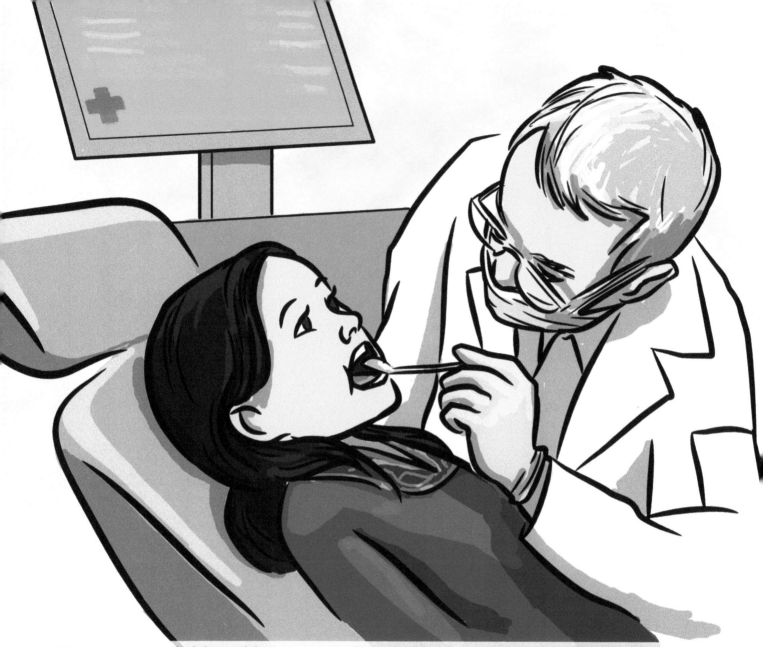

Even young children like Juan and Isabella need their teeth checked. Eating too much candy and drinking too much soda can damage teeth.

Incluso los niños pequeños como Juan e Isabela necesitan que se les revisen sus dientes. Comer demasiados dulces y beber demasiados refrescos puede dañar los dientes.

"Brushing twice a day keeps cavities away," he tells Anika. Dentists look at our teeth to make sure they are strong and healthy.

—Cepillarse dos veces al día mantiene alejadas las caries—, él le dice a Anika. Los dentistas nos revisan los dientes para asegurarse de que estén fuertes y saludables.

"The dentist made my teeth feel better," Juan tells Willie. "Now I have strong teeth."

—El dentista hizo que mis dientes se sintieran mejor—, le dice Juan a Willie. —Ahora tengo dientes fuertes—.

"Every night before I go to bed, I brush, brush, brush my teeth."

—Cada noche antes de irme a la cama, me cepillo, cepillo, cepillo mis dientes.—

Hari sees Dr. Gull once a year to have a checkup. "Take a deep, deep breath," he tells Hari.

Hari ve al Dr. Gull una vez al año para hacerse una revisión. —Respira hondo, hondo—, él le dice a Hari.

Dr. Gull looks inside Hari's mouth and then checks his throat, eyes, ears, feet, and hands.

El Dr. Gull examina el interior de la boca de Hari y después revisa su garganta, ojos, oídos, pies y manos.

"You pass the check up," Dr. Gull tells Hari. "Keep eating those fruits and vegetables."

—Pasas la revisión—, le dice el Dr. Gull a Hari. —Sigue comiendo esas frutas y verduras—.

Isabella stays clean by taking baths regularly. She brushes her long black hair every night.

Isabela se mantiene limpia tomando baños regularmente. Ella se cepilla su largo cabello negro todas las noches.

Shan always tells his mother if he has pain. "I have a sore throat," he told his mom one day. His mother took his temperature and kept him home from school.

Shan siempre le dice a su madre si siente dolor. —Me duele la garganta—, le dijo a su madre un día. Su madre le tomó la temperatura y lo mantuvo en casa sin ir a la escuela.

Students should always tell their teacher if they have pain or don't feel well. "My arm hurts," says Nick.

Los estudiantes siempre deben decirle a su maestro si sienten dolor o no se encuentran bien. —Me duele el brazo—, dice Nick.

Playing safe at home and at school keeps friends from getting hurt.

Jugar de manera segura en casa y en la escuela evita que los amigos se lastimen.

Even when playing safe, accidents still happen. Miss Anna helps Takota feel better by putting a bandage on his sore.

Incluso cuando se juega de manera segura, los accidentes aún ocurren. La Srta. Anna ayuda a Takota a sentirse mejor poniéndole una venda en su herida.

Sophia and Alex work on going to bed on time. "Getting your rest is an important way to help you feel your best," says Dad.

Sofía y Alex se esfuerzan por ir a la cama a tiempo. —Descansar es una manera importante de ayudarte a sentirte mejor—, dice papá.

"Time for bed," says Mom, but Alex says he's not ready for bed. "Alex, you have to get your rest," Sophia reminds him.

—Hora de acostarse—, dice mamá, pero Alex dice que no está listo para ir a la cama. —Alex, tienes que descansar—, le recuerda Sofía.

"I feel better now," Alex tells his mother. "Me too!" adds Sophia. "I can't wait to go to school in the morning."

—Ya me siento mejor—, le dice Alex a su madre. —¡Yo también!— añade Sofía. —No puedo esperar para ir a la escuela en la mañana—.

CPSIA information can be obtained
at www.ICGtesting.com
Printed in the USA
BVHW060438131120
593021BV00002B/4